L'ARCHITECTURE LOMBARDE

DE LA RENAISSANCE

ARCHITECTURE ET ARTS DÉCORATIFS

Collection publiée sous la direction de M. Louis HAUTECŒUR

L'ARCHITECTURE LOMBARDE DE LA RENAISSANCE

(1450-1525)

PAR

CHARLES TERRASSE

PARIS ET BRUXELLES

G. VAN OEST, ÉDITEUR

1926

AVANT-PROPOS

De la Toscane à la Lombardie, les différences naturelles sont considérables. Il semble que les Apennins divisent la Péninsule en deux pays. Au sud une région montagneuse, sévère, au climat chaud, sec, et une lumière éblouissante. Au nord de larges plaines fertiles et grasses, un climat rigoureux aux hivers très froids qui amènent des neiges abondantes. Par son sol et par son climat, la Lombardie se rapproche plus de la France que de la Toscane : c'est toujours la « Gallia Cisalpina » des Romains. Les monuments d'un pays obéissent aux lois naturelles : c'est pourquoi l'art de la Renaissance n'a pu venir de Florence, son berceau, et se répandre en Haute-Italie, sans subir de profondes transformations.

Les Lombards furent lents à accueillir la Renaissance. Ils virent arriver avec défiance les hommes qui leur apportaient les idées nouvelles, et dont le premier, le plus important de tous à tous égards, fut Antonio Averulino, connu sous le nom de Filarète. Les Lombards n'avaient point tout à fait tort ; car ils étaient, depuis toujours, des maîtres en l'art de bâtir. Ils étaient en cela supérieurs aux Florentins.

Filarète — ou Philarète — architecte et sculpteur, naquit à Florence vers 1400. Il travailla beaucoup à Venise et à Rome, où il exécuta notamment les portes de bronze de Saint-Pierre. Il partit enfin pour Milan où il arriva en 1451. Cette date offre aux yeux de l'historien une certaine importance : Filarète apportait avec lui la Renaissance. La sympathie des compagnons lombards à son égard ne fut pas longue à se manifester : bien que le nouvel arrivé eût été recommandé à François Sforza par Pierre de Médicis et que celui-ci l'eût couvert de sa protection, il ne put demeurer en Milanais. « *Perchè noi siamo fiorentino,* » *écrivait-il à Pierre de Médicis,* « *loro ci fanno ripulsa.* » *Il partit alors pour Bergame, où il dirigea la construction de la cathédrale. Cet édifice a malheureusement disparu. Plusieurs années passèrent avant que Filarète pût revenir à Milan. En* 1457, *il était de nouveau dans la grande capitale lombarde, et s'y établissait de façon durable. Il y éleva l'Hôpital Majeur, il y rédigea un* Traité d'architecture *qui est célèbre.*

Après Filarète vint Michelozzo. Il construisit, de 1456 *à* 1464, *un palais pour les Médicis dont il ne subsiste qu'une porte, déposée aujourd'hui au musée archéologique. Et, de* 1462 *à* 1468, *il éleva, derrière le chevet de la basilique Saint-Eustorge, une magnifique chapelle pour le trésorier du duc de Milan, Pigello Portinari.*

Les nouveautés apportées par Filarète et Michelozzo ne se répandirent pas très vite. Une période de travail, d'assimilation, pourrais-je dire, qui devait amener la formation d'un style nouveau, dura dix ou quinze années. Vers 1480 *environ apparaît une école d'architecture originale, qui alliait aux formes de l'architecture gothique celles de l'architecture florentine.*

Parmi les monuments les plus remarquables qui appartiennent à cette école, il faut citer la petite église Saint-Satire et l'église conventuelle de Sainte-Marie-des-Grâces, à Milan ; la chartreuse de Pavie, la cathédrale de Pavie, la cathédrale de Côme ; toute une série de beaux hôtels, de « palazzi », comme les appellent les Italiens, à Brescia, à Crémone, à Bergame. Les hommes qui ont construit les principaux de ces monuments sont connus, plusieurs sont célèbres : ce sont Giovanni Solari, les frères Rodari, Amadeo, Rocchi, Dolcebuono, et à leur tête il faut placer l'architecte favori du duc de Milan, Bramante. Il faut toutefois observer que la gloire acquise par Bramante à Rome, dans la seconde partie de sa carrière, ne doit point être une raison suffisante pour lui attribuer certains beaux édifices encore anonymes — Abbiategrasso ou Saronno, par exemple. Bramante, en Lombardie, a construit des édifices essentiellement lombards. Il ne se distinguait de ses compagnons que par sa science plus grande, et son goût plus sûr. Mais il n'était point ce grand apôtre du classicisme qu'il devait être dans la ville pontificale.

Dans le domaine de l'architecture religieuse, les Lombards n'ont changé leurs traditions que fort tard — guère avant le deuxième quart du XVIe siècle. La nécessité, le goût aussi d'achever le dôme de Milan dans son style a maintenu en Haute Italie la pratique de la construction gothique. D'ailleurs, à l'époque où l'art florentin — je prends ce terme comme synonyme de celui d'art de la Renaissance — fait sentir son influence, les grands monuments de Lombardie étaient à peu près achevés. L'église de la chartreuse de Pavie, la cathédrale de Côme étaient terminées vers 1480 : les transformations que la Renaissance pouvait apporter ne devaient être qu'accessoires, et porter sur la décoration. Le plan des églises conserve la forme de croix latine ; les voûtes sont sur croisées d'ogives, ou sont des voûtes d'arêtes. Au-dessus du transept on élève une coupole ; peut-être faut-il voir une influence florentine, non dans cette disposition, qui est courante dans les édifices lombards de l'époque romane, mais dans la forme même de cette coupole. Le dôme de Milan, l'église de la chartreuse de Pavie ont, au-dessus du transept, un « tiburio », c'est-à-dire une coupole constituée par une série de tambours en retrait les uns des autres ; la coupole florentine, qui est une calotte, apparaît à Saint-Satire. Je ne parle que pour mémoire de la chapelle Portinari, œuvre d'un Florentin, et de l'église de Castiglione d'Olona, qui ne serait pas déplacée aux environs de Florence : ce sont des œuvres exceptionnelles et qui n'ont point été imitées. L'élévation intérieure des églises demeure gothique. Les façades sont quelquefois gothiques, ou bien affectent des lignes géométriques très simples, avec une décoration de pilastres et de moulures d'entablement. Les portails sont ornés d'une manière originale. Les portes, soit en plein cintre, soit rectangulaires, sont encadrées d'un ordre d'architecture ; le tympan est sculpté, ou présente une arcade simulée divisée en compartiments. Les fenêtres portent parfois une décoration du même genre.

Dans le domaine de l'architecture civile, les différences son peut-être moins accentuées que dans celui de l'architecture religieuse. Les grands principes de la Renaissance, la division tripartite en hauteur et la répétition des motifs, sont appliquées dans certains édifices comme l'Hôpital Majeur ; mais ils ne constituent pas un canon rigoureux. D'une manière générale d'ailleurs, la liberté la plus grande règne dans l'architecture civile : il y règne aussi la grâce. On ne trouverait point, en toute la Lombardie, de palais rudes et sévères comme le palais Riccardi ou le palais Pitti. Les palais lombards sont extrêmement simples à l'extérieur, et offrent surtout des cours intérieures très agréablement disposées.

C'est principalement dans l'art ornemental qu'apparaît l'influence florentine, aussi bien dans l'architecture religieuse que dans l'architecture civile. Les Lombards ont employé presque partout l'ordre corinthien, — alors qu'à la même époque les Florentins connaissaient les cinq ordres. Ils ont sculpté les pilastres, les chapiteaux, les frises selon des modèles venus de Toscane. Mais il faut remarquer que leur style reste gothique, si l'on veut donner à ce mot le sens qu'il a eu à cette époque, c'est-à-dire, libre, plein de richesse et de variété. Le caractère dominant de l'architecture florentine est une sévérité élégante ; celui de la Renaissance lombarde est une fantaisie pleine de charme.

L'ARCHITECTURE LOMBARDE
DE LA RENAISSANCE

Castiglione d'Olona. Église de Villa.

A Castiglione d'Olona se trouve la petite église de Villa. C'est sans aucun doute la plus ancienne imitation florentine qui soit en Lombardie — j'allais dire importation; elle doit dater de 1450 environ. Très simple de lignes, elle ne se compose que d'une nef, sur plan rectangulaire, avec un sanctuaire, couverte d'une coupole surmontée d'un lanternon qui abrite les cloches. L'éclairage est assuré par des fenêtres rectangulaires et des baies rondes. La décoration est sobre; des pilastres corinthiens cannelés montent le long des murs et soutiennent un entablement dont la frise est restée nue. La porte de l'église est extrêmement remarquable. Le chambranle est orné de rinceaux dont les enroulements servent de cadres à de petites figures de saints. Au-dessus court une de ces frises de génies porteurs de guirlandes où l'art de Florence semble avoir mis toute sa grâce. Au fronton enfin apparaît Dieu le Père.

Jusqu'ici, architecture et décoration, tout est florentin. Mais la décoration de la façade est rehaussée de deux statues de dimensions presque colossales, saint Antoine et saint Christophe. Le style de ces figures, — et le fait seulement qu'elles soient là, — surprend. Elles sont certainement l'adjonction d'un Lombard à l'œuvre d'un Florentin.

L'existence de cette église pose un problème. On ne voit pas très bien qui, en 1450, a pu élever un édifice aussi pur de style.

Porte du palais Castiglioni.

Le décor de cette porte est un des meilleurs exemples de décor de transition qu'on puisse citer. Les pilastres sont gothiques encore, comme les chapiteaux, comme les feuilles de chou frisé qui se développent autour de l'encadrement de la porte ; mais chaque claveau de l'arc d'encadrement porte une décoration inspirée d'idées nouvelles : bustes de Trajan, de Vespasien, rinceaux, palmes. On peut reconnaître ici une mise en œuvre des doctrines de Filarète.

Milan. Hôpital Majeur.

Filarète n'a pas manqué de nous faire connaître l'auteur de cet immense monument qu'est l'Hôpital Majeur de Milan. Commencé par lui en 1457, continué à partir de 1465 par Guiniforte Solari, il ne fut terminé qu'en 1624 par Ricchini. Il se compose d'une série de bâtiments rectangulaires disposés autour de plusieurs cours. La façade principale est particulièrement intéressante.

L'architecte a employé un procédé qui sera bien souvent repris plus tard pour donner à un monument un aspect grandiose : la simple répétition des lignes.

Toute la décoration de l'Hôpital est représentée par des arcades et des baies semblables, et indéfiniment répétées. Le rez-de-chaussée est orné d'arcades en plein cintre portées par des colonnes corinthiennes, qui encadrent des fenêtres. Celles-ci sont encore de forme gothique ; et la persistance de ce style est d'autant plus notable que l'architecte ici est florentin. La décoration sculptée est remarquable : bustes saillants, médaillons ornés de têtes d'anges, et surtout rinceaux ornés de figures d'enfants, de génies, d'animaux — tout cela très gracieux d'inspiration, et d'une grande habileté de facture.

Milan. Chapelle Portinari ou chapelle de Saint=Pierre martyr.

La chapelle de saint Pierre martyr s'élève derrière l'abside de l'église Saint-Eustorge. C'est le plus ancien monument religieux de la Renaissance à Milan.

Elle a été construite aux frais de Pigello Portinari, trésorier des ducs de Milan, par Michelozzo Michelozzi, de 1462 à 1468. L'architecture en est fort simple. L'édifice se compose essentiellement d'une nef rectangulaire couverte d'une coupole à seize pans. Un lanternon s'élève au-dessus de la coupole ; il y a ici une imitation de la sacristie de San Lorenzo de Florence. Quatre clochetons très légers s'élèvent au-dessus des angles, recherche décorative dont on ne trouve pas d'exemple en Toscane. Peut-être faut-il voir là une réminiscence des clochetons de San Lorenzo de Milan.

L'édifice est entièrement construit en briques ; la décoration extérieure est extrêmement simple : pilastres corinthiens, frises décorées d'oves et de perles. La décoration intérieure est remarquable. A la coupole se déroule toute une série de peintures dont les scènes sont inspirées des Testaments, des vies de saints, avec, à la base de la coupole, une ronde d'anges tenant des guirlandes. Ces peintures sont dans le goût de Vincenzo Foppa. Les murs sont ornés de sculptures — génies, guirlandes, motifs divers — de facture un peu lourde.

Milan. Église Saint=Satire.

Dans un des quartiers les plus animés de la ville, à quelques pas du Dôme, se trouve la petite église de Sainte-Marie de Saint-Satire. De fondation très ancienne, — elle remonte à l'archevêque Anspert, qui florissait en 880 — remaniée au XIIIe siècle, elle fut presque entièrement reconstruite de 1476 à 1515 environ. C'est un des monuments les plus célèbres de Milan — et à juste titre : car il y en a peu qui l'égalent par l'élégance de l'architecture et la grâce des sculptures.

Un passage des commentaires dont Cesare Cesariano encadra le texte de l'*Architecture* de Vitruve, — ce magnifique ouvrage orné de splendides gravures, paru à Côme en 1521 et dédié à François Ier, roi de France et duc de Milan — nous apprenait que l'auteur des plans de la nouvelle église de Saint-Satire était Bramante, son maître. Cesare Cesariano avait dit vrai ; les récentes découvertes faites dans les archives de notaires milanais par M. Gerolamo Biscaro ont confirmé son assertion, et ont apporté à l'histoire de l'église des précisions importantes.

Sainte-Marie de Saint-Satire a le plan d'une croix latine ; une chapelle s'élève à l'extrémité du croisillon nord du transept, et une sacristie a été bâtie contre le flanc méridional de la nef. La construction de l'édifice commença vers 1476 ; le transept date de 1478, et la coupole qui s'élève au-dessus de la croisée fut terminée en 1482. La chapelle attenante au croisillon nord dut être terminée vers la même époque, car elle abrite une *Mise au tombeau* achevée vers 1483 par Agostino de Fondutis, de Padoue. Le baptistère fut achevé également en 1483 : cette année-là,

Bramante, Ambrogio da Predis et Agostino de Fondutis étaient
chargés de l'exécution d'une quantité de figures décoratives en
terre cuite, certainement pour les pilastres, les chapiteaux et les
frises. Amadeo, en 1486, commença la façade, qui demeura inachevée, sans doute d'après un dessin de Bramante. Il existe précisément un dessin de Bramante, conservé au musée du Louvre,
où l'on croit retrouver le projet établi pour cette façade — dessin que l'on regrette fort de n'avoir pas été mis en œuvre lors-
qu'en 1876, la façade fut enfin construite.

La nef, de proportions agréables à l'œil, fait surtout valoir le
transept éclairé de la lumière diffuse qui tombe de la coupole.
Le chœur semble filer en profondeur. Mais cette profondeur n'est
qu'une illusion : le chœur, en effet, est à peu près à l'alignement
du mur du transept ; il n'y a pas cinquante centimètres de diffé-
rence. Ce trompe-l'œil, obtenu par des arcades décroissantes, est
un des plus habiles qui soient. Il faut dire, à la décharge de
l'architecte, à qui on a souvent reproché cet artifice, qu'il n'a pas
voulu faire un vain étalage de science : il a, au contraire, tourné
une difficulté. Derrière l'église passait une rue, l'actuelle via del
Falcone. Bramante, ne pouvant empiéter sur une voie publique,
a imaginé ce « finto coro » qui surprend le spectateur.

La décoration sculptée est remarquable, surtout celle du chœur.
Les chapiteaux sont ornés de petits génies assis ou couchés parmi
des acanthes ; les frises, moins étudiées, présentent la répétition
d'un motif composé de deux sphinx tenant un médaillon qui
enferme un buste saillant. Ces sculptures, en terre cuite, sont
encore couvertes d'azur et d'or.

La petite chapelle attenante au croisillon nord est une imitation — toutes proportions gardées — de la chapelle Portinari.

Elle est de plan circulaire et couverte d'une coupole à lanternon Les pilastres qui soutiennent cette coupole sont décorés de feuillages, de pampres et d'oiseaux d'une grâce inimitable.

L'ancienne sacristie, invisible de l'extérieur, est la plus légère, la plus riche création de Bramante en Lombardie. De plan octogonal, avec quatre niches semi-circulaires, elle est couverte d'une coupole. Entourée de constructions, elle ne pouvait être éclairée que par le haut et c'est pourquoi chacun des pans de la coupole est ajouré d'une baie ronde. L'élévation est fort élégante ; au-dessus des niches et des arcades qui décorent la base des murs, s'ouvrent des tribunes à baies en plein cintre. La décoration enfin, due en grande partie à Agostino de Fondutis, est somptueuse : pilastres ornés de feuillages et d'animaux, chapiteaux à figures monstrueuses. La frise est unique par son originalité : au milieu de chaque panneau jaillit un buste, et, de part et d'autre, des enfants jouent le plus gracieusement du monde.

Lorsque l'on considère l'extérieur de l'église, les rapprochements entre Saint-Satire et les édifices florentins viennent spontanément à l'esprit. Bramante a certainement été influencé par le souvenir de la chapelle Portinari, création du florentin Michelozzo. La silhouette générale est la même, un tambour circulaire porté sur un massif rectangulaire et surmonté d'un lanternon.

Les différences sont notables avec les édifices toscans. La sévérité florentine est remplacée par une certaine « fantaisie », et cette remarque peut se faire non seulement pour les lignes générales du monument, plus compliquées, plus pittoresques, mais aussi pour le décor, plus vivant. Saint-Satire n'est qu'une petite église construite en briques et décorée de figurines en terre cuite ; mais telle qu'elle est, c'est un monument qu'on ne retrouve pas sans s'y sentir pénétrer d'un charme toujours renouvelé.

Sainte=Marie=des=Grâces.

Les pères dominicains, appelés à Milan en 1458, s'établirent d'abord dans le monastère de San Vittorello all'Olmo. Quelques années plus tard, en 1463, ils achetèrent un terrain appartenant à l'abbé de Saint Ambroise, et y édifièrent un couvent magnifique : c'est le couvent de Sainte-Marie-des-Grâces.

L'église, dont la première pierre avait été posée le 1er août 1465, était à peu près terminée vers 1482. Il est à noter que l'édifice avait été construit dans le style gothique. En 1492, Ludovic le More, qui dès son avènement avait fait du couvent l'objet de sa prédilection, engagea le prieur à faire démolir le chœur et le transept de l'église,et à les faire réédifier dans le style nouveau — dans le style de la Renaissance. La première pierre du nouveau chevet fut bénie par l'archevêque Antonio Araimboli le 29 mars 1492. Les travaux ne prirent fin que dans les premières années du XVIe siècle.

Plusieurs architectes collaborèrent à l'élévation de ce bel édifice ; on s'accorde toutefois à donner à Bramante une place prépondérante parmi eux. Bramante était en effet à cette époque un de ces « peritissimi architetti » de Milan dont parle, dans une *Chronique* précieuse pour nous, le P. Gattico, et il était en outre le favori de Ludovic le More.

Le chevet de Sainte-Marie-des-Grâces se compose d'un transept, surmonté d'une vaste coupole, et dont les croisillons comportent des absides et d'un chœur terminé par une abside.

La décoration de cette partie de l'église, à la silhouette très imposante, est remarquable. La couleur générale de l'ensemble est très chaude à l'œil : les tons rougeâtres de la brique se marient heureusement avec les colorations claires des marbres. Cette décoration est relativement très simple et vaut par la répétition des motifs : écussons inscrits dans des médaillons circulaires, cordons de fleurons, pilastres ou « lesene » décorés de candélabres en haut-relief ou en bas-relief. Les Italiens ont donné le nom de candélabre (candeliera) à cet ornement formé d'une série de vases empilés les uns au-dessus des autres, et dont les bords sont chargés d'attributs divers. Ce motif était né à Florence sous la forme primitive d'une tige sortant d'un vase et se développant en rinceaux : on le trouve ainsi à Saint-Satire. Des figures étaient venues prendre place parmi les feuilles, puis des motifs très variés. Mais jamais, dans la sévère Toscane, ces candélabres ne devaient atteindre à l'ampleur et à la fantaisie avec lesquelles les ont traités les sculpteurs milanais.

La coupole comporte seize pans, et l'étage supérieur est décoré d'une arcature corinthienne. Elle est surmontée d'un petit lanternon octogonal.

Le grand cloître de Sainte-Marie-des-Grâces est d'une extrême élégance. A ce cloître est attenant le réfectoire dont le mur du nord est orné de la plus célèbre des peintures de Léonard de Vinci, la *Cène*.

« Canonica » de Saint=Ambroise.

Le cloître de Saint-Ambroise, ou portique de la Canonica, est encore une œuvre de Bramante, restée malheureusement inachevée, et modifiée après lui. C'est surtout une série d'arcades que nous voyons aujourd'hui, mais de très belles proportions, et

portées par des colonnes extrêmement intéressantes. Les bases
sont attiques, les fûts sont galbés ; les chapiteaux sont surmontés
d'un morceau d'entablement, à l'imitation des arcades de San
Lorenzo de Florence, église construite sur les plans de Brunellesco.
Ces chapiteaux ne sont rien moins que classiques ; ils sont déri-
vés du modèle corinthien, mais traités avec une fantaisie toute
particulière. Les feuilles d'acanthe sont parfois collées contre la
corbeille, parfois tournées la pointe vers la terre ; des attributs
divers sont placés parmi elles. L'entablement est corinthien ;
mais la frise est restée nue. Le musée des Offices conserve des
dessins qui sont peut-être des projets de Bramante pour ces
colonnes.

Pavie. Chartreuse.

La célèbre chartreuse de Pavie constitue dans l'histoire de
l'art de la Renaissance un monument capital. Catherine, épouse
de Jean-Galéas Visconti, avait établi dans son testament une
fondation pour douze religieux, et avait laissé à son mari le soin
d'exécuter sa volonté. Jean-Galéas réalisa le vœu de sa femme.
Dès le 30 novembre 1394, il annonçait son désir d'élever « un
moûtier le plus magnifique et notable qu'il se pourrait » là même
où sa femme l'avait souhaité, dans la plaine qui s'étend au nord
de Pavie. Les travaux commencèrent en 1396. Bernard de Venise
dut avoir une part prépondérante dans le plan général ; il avait
avec lui Giacomo de Campione et Christophe de Beltrano, qui
veillèrent principalement à la construction de l'église, dont la
première pierre fut posée le 17 août 1396. Les religieux entrèrent
dans la chartreuse en 1401. Les travaux, interrompus quelque

peu après, furent repris en 1453 sous la direction de Giovanni Solari, puis de son fils Guiniforte. Il faut noter qu'ici encore, le style gothique dominait.

La Renaissance apparaît dans la façade, commencée en 1473, sous la direction du prieur Philippe de Rancate, et qui, en 1496, était élevée à la hauteur du portail. L'église fut consacrée cette année même, mais les travaux ne furent achevés qu'en 1540.

Le plan de la chartreuse est très simple. Les bâtiments sont disposés autour d'un cloître aux très vastes proportions, appelé pour cette raison « grande chiostro », et forment un immense rectangle sur lequel déborde, au nord, l'église abbatiale. Sur le côté nord de ce cloître se trouvent le couvent des novices, le palais ducal (xviie siècle), le réfectoire, le cloître de la fontaine bordé lui-même au nord par l'église, et la salle capitulaire ; le long des autres galeries sont construites les maisons réservées aux Pères.

La façade et certaines parties du chœur de l'église, le cloître de la fontaine et le grand cloître sont au nombre des merveilles de la Renaissance lombarde.

La façade est en grande partie l'œuvre de Cristoforo Mantegazza et de Giovanantonio Amadeo. C'est le morceau d'architecture le plus brillant que l'on puisse voir, le mieux conçu peut-être du xve siècle. Les lignes générales sont celles des façades d'églises lombardes à étages, avec piliers saillants et arcades. Ces formes bien accentuées servent de cadre à des sculptures d'une extrême richesse. La matière même ajoute encore à la splendeur de l'édifice ; toute cette façade est construite en marbre blanc de Carrare et de Candoglia.

La richesse de la décoration passe toute imagination. Le

soubassement est orné de médaillons d'empereurs romains, de scènes de l'Ancien et du Nouveau Testament, et d'épisodes de la vie du fondateur de la chartreuse, dont les restes y furent translatés en 1474.

Les fenêtres sont célèbres, et chacune d'elles a demandé, semble-t-il, toute une vie de sculpteur. Elles ont été établies sous la direction de Giovanantonio Amadeo. Elles sont de forme rectangulaire, et divisées en baies géminées par une colonnette médiane. Elles sont encadrées de médaillons à têtes et à motifs géométriques en marbres de couleur, de magnifiques « lesene » ou pilastres ornés de grotesques, de feuillages, de masques, de médaillons, d'attributs variés, elles sont surmontées enfin d'une élégante frise de « putti » porteurs de guirlandes et couronnées d'un fronton sculpté.

Les colonnettes des baies sont fort remarquables. Les bases et les fûts sont chargés d'une multitude de motifs décoratifs, sculptés en demi-bosse, et, parmi ces motifs, les plus gracieux sont des groupes d'anges agenouillés, ou debout, et même porteurs de guirlandes à la mode antique — tant, ici, le paganisme domine ! — Dans les écoinçons des arcades on aperçoit des têtes d'ange ailées.

Les frontons sont ornés de sirènes, de dragons, de centaures affrontés contre un motif central formé de vases empilés. Avec ces personnages fabuleux se jouent des putti ou enfants, des génies. Nous donnons ici un détail du fronton de la première fenêtre du côté nord : quelle grâce, quelle fantaisie dans ces sculptures !

Entre les fenêtres, et le long des contreforts dont les lignes verticales délimitent nettement l'ordonnance générale, prend place tout un peuple de statues.

La partie supérieure de la façade est beaucoup moins riche en sculpture : il faut y remarquer la prédominance des formes arrondies sur les formes rectangulaires, dans les fenêtres et les frontons.

La nef est gothique. Mais la décoration du chœur est en grande partie Renaissance.

Deux portes, celle de l'ancienne sacristie et celle du lavabo, peuvent être comptées au nombre de ces créations-types que l'on imite dans toute une école d'art. La porte de l'ancienne sacristie est une sorte de portique plein en demi relief, percé d'une baie rectangulaire. Elle est ornée de médaillons qui représentent des Visconti et des Sforza. La porte du lavabo est un peu plus riche encore. Les jambages sont décorés de niches garnies de statuettes ; le linteau, décoré de palmettes et de masques, supporte un tympan circulaire qu'encadre une archivolte ornée de médaillons rectangulaires où sont figurées des vertus. Des bustes des duchesses de Milan, dans des médaillons rectangulaires et circulaires, ornent la frise et le sommet du fronton. Ces portes, et surtout la seconde, due à Giovanantonio Amadeo, inspireront les portes de Côme, de Torno, et seront imitées dans de nombreux monuments de France.

Le tombeau de Jean-Galéas Visconti s'élève dans le bras droit du transept ; il est l'œuvre de Gian-Cristoforo Romano et de Benedetto Briosco, et fut en grande partie construit de 1494 à 1497. Il ne fut toutefois terminé qu'en 1562 par Galéas Alessi.

La statue du duc, représenté couché sur son lit de mort, est surmontée d'un dais de très grandes proportions. Les arcades sont couvertes de fines sculptures, et l'on remarque surtout les pilastres ornés d'attributs guerriers figurés à l'antique. La partie supérieure est décorée de bas-reliefs qui représentent des scènes de la vie de Jean-Galéas. Comme couronnement, des figures de vertus, et des sphinx tenant des lampadaires. La statue de la Vierge portant l'Enfant est signée de Briosco.

Le lavabo est dû à Giovanantonio Amadeo et à Alberto Maffiolo de Carrare. La vasque est disposée dans une sorte de niche encadrée d'un portique en « déprimé » et la fontaine est ornée de dauphins et d'un buste à l'antique. Le fond de la niche est occupé par un bas-relief d'Amadeo qui représente la Passion. Une décoration de feuillages, plus ou moins stylisés, étend sa fine broderie sur le soubassement du portique qui sert de cadre à l'ensemble.

La porte qui donne sur le petit cloître est une des belles œuvres d'Amadeo. Elle est de forme rectangulaire et couronnée d'un fronton courbe. La décoration en est très variée, et le point qui attire l'attention, c'est le grand nombre des figures. Ce sont des anges surtout, et des saints, enveloppés de rinceaux, et des génies jouant parmi des ceps de vigne et des grappes de raisin ; ce sont aussi, au linteau, les figures des Évangélistes. Au tympan est représentée la Vierge, assise, tenant l'Enfant sur ses genoux et entourée de religieux agenouillés.

Le petit cloître et le grand cloître sont d'une architecture très simple. Les galeries ne sont qu'une série d'arcades en plein cintre portées sur des colonnettes de marbre, et couvertes de voûtes très légères abritées par un toit en appentis. Selon la méthode toujours appliquée en Italie, des barres de fer relient les sommiers des arcades au mur de fond, pour éviter l'effondrement des voûtes dont nul contrefort ne soutient la poussée.

Les arcades sont ornées d'une décoration continue en terre cuite, œuvre de Rinaldo de Stauris. Les écoinçons présentent des bustes saillants représentant des apôtres, des saints ; et tout autour, le long des archivoltes, à la base du toit, courent des rondes d'enfants, des rinceaux variés, une suite ininterrompue de motifs décoratifs divers, pleins de vie et de charme.

Bergame. Chapelle Colleoni.

La chapelle Colleoni fut fondée en 1470 par Bartolommeo Colleoni, le fameux condottiere qui fut tour à tour au service des Visconti et de la république de Venise, et dont Verrocchio a perpétué la rude figure dans le plus grandiose des monuments équestres.

Bartolommeo Colleoni confia la direction des travaux à Giovanantonio Amadeo ; ils durèrent jusqu'en 1476. La façade a été quelque peu modifiée lors du remaniement de l'édifice au XVIIIe siècle.

La chapelle est de plan rectangulaire, et couverte d'une coupole. La façade est un exemple rare d'incrustation de marbre de trois couleurs. Le portail et les deux fenêtres sont dans le style de la Renaissance, avec toutefois une surcharge qui n'est pas sans fatiguer un peu. Au-dessus court une de ces galeries à arcades demeurées chères aux Lombards.

Le monument de Bartolommeo Colleoni (mort en 1475), dû aussi à Amadeo, est de proportions colossales. Ils se compose de deux grands sarcophages superposés, portés par des piliers carrés, surmontés de la statue équestre du condottiere protégée par un vaste dais. Les bas-reliefs qui ornent les sarcophages représentent des scènes de la vie du Christ. La statue équestre de

Colleoni, dorée, est l'œuvre du nurembergeois Sixtus Siry (1501).

Plus petit, mais très élégant, est le monument de la fille du condottiere, Médée, morte en 1470. Œuvre du même Amadeo, ce tombeau était jadis placé dans l'église de Basella.

Pavie. Cathédrale.

La cathédrale de Pavie s'élève sur l'emplacement de deux églises romanes qu'on abattit pour construire l'édifice que l'on voit aujourd'hui. C'est vers 1485 que l'on se préoccupa de reconstruire, sur des plans nouveaux, la cathédrale, et cette entreprise fut surtout l'œuvre du cardinal Ascanio Sforza, frère de Ludovic le More, et évêque de Pavie. Christoforo Rocchi, appelé à donner un projet du futur édifice, présenta un modèle qui reproduisait l'église Sainte-Sophie de Constantinople. Le cardinal Sforza n'agréa pas ce modèle, et en demanda un autre. Amadeo, que nous avons déjà rencontré à la Chartreuse de Pavie, et Bramante donnèrent leurs avis sur les modifications à apporter au projet, et peut-être celui de Bramante demeura-t-il prépondérant (1488). L'église fut commencée peu après, et les travaux furent confiés à Rocchi, qui resta maître de l'œuvre jusqu'à sa mort, survenue en 1495. Plusieurs « ingegneri » furent alors de nouveau appelés à Pavie, Amadeo, Dolcebuono, Gianpietro Fugazza. En décembre de la même année, Fugazza était chargé de faire le modèle selon le projet ancien — de Bramante ? — modifié, et selon le devis signé de lui-même, d'Amadeo et de Dolcebuono.

La part qui revient à chacun de ces architectes est, on le voit, assez peu aisée à définir exactement. La part de Bramante apparaît toutefois importante, car le monument présente des détails qui offrent des ressemblances avec des dessins du célèbre Urbinate.

Cette cathédrale est une grande construction de plan rayonnant, en forme de croix grecque. Seules les parties inférieures datent du xve siècle ; la coupole, prévue, ne fut construite qu'à la fin du siècle dernier, ainsi que la façade (1898).

On éprouve, en entrant dans cette église, une impression extraordinaire de grandeur, donnée d'abord par une harmonie rare dans les proportions. Cet intérieur vaut surtout par la beauté des lignes, très simples. La décoration est un peu secondaire. Les supports sont des piliers polygonaux habillés de moulures empruntées aux ordres antiques, de pilastres corinthiens surmontés de pilastres doriques. Les arcades sont en plein cintre, et au-dessus court une galerie haute ou triforium, à quatre baies, analogue à celle qui se trouve à la partie supérieure de la façade de la chartreuse de Pavie. Certains chapiteaux portent, parmi les feuillages d'acanthe, de gracieux amours.

A quelque distance de Pavie se trouve l'église de Santa Maria di Canepanova, petit édifice octogone couvert d'une coupole; l'élévation intérieure présente une disposition analogue à celle qui fut adoptée pour le baptistère de Saint-Satire. Cette église, commencée en 1492, est attribuée, avec raison semble-t-il, à Bramante. Elle n'a été terminée qu'en 1564.

Crema. Église Santa Maria della Croce.

Santa Maria della Croce, à quelques minutes de la petite ville industrielle de Crema, est une église octogonale à l'intérieur et ronde à l'extérieur, avec des avant-corps d'un effet très parti-

culier. Elle fut commencée vers 1490 par Giovanni Battacchio,
avec, peut-être, quelque concours de Bramante. Les percements,
très nombreux, constituent les éléments essentiels, et presque
uniques, de sa décoration. Ce sont des niches rectangulaires et
circulaires, des fenêtres rondes ménagées dans des cadres rectangulaires, des baies géminées encadrées d'arcs de décharge, et enfin,
comme à Sainte-Marie-des-Grâces de Milan, des arcades à jour
formant une galerie qui tourne autour du dôme. Toutefois ces
arcades sont ici tréflées. Un petit lanternon surmonte l'ensemble.
On ne peut s'empêcher de songer, devant un pareil édifice, à ces
églises romanes de style lombard, aux façades décorées d'arcades
de proportions variées. Tant est restée profonde, en ce pays, la
tradition !

Lodi. Église de l'Incoronata.

L'église de l'Incoronata de Lodi fut commencée par Giovanni
Battacchio en 1487, continuée en 1494 par Giovanni Dolcebuono
et Lazzaro Palazzo, terminée enfin en 1513 par Giovanantonio
Amadeo, qui lança la coupole. Le campanile fut construit par
Lorenzo dei Maggi d'après un modèle de Dolcebuono, de 1501 à
1503.

Cette église est de plan octogonal, et présente, avec Santa
Maria di Canepanova, de Pavie, des ressemblances ; on y retrouve
les mêmes travées décorées de niches profondes et de galeries.
L'extérieur est très simple : quelques moulures encadrent les
fenêtres ; des baies rondes éclairent la coupole, dont le toit est
bordé d'une balustrade.

Côme. Cathédrale.

La cathédrale de Côme représente peut-être le type le plus parfait de l'église de la Renaissance, de structure gothique, de décoration lombarde. Elle fut commencée en 1396, pour remplacer l'ancienne cathédrale romane qui datait des premières années de l'xie siècle. Ce ne fut qu'à partir de 1426 que les travaux furent poursuivis avec suite, et vraisemblablement sous la direction de Pietro da Bregia — Pierre de Brescia — qui, en 1440, apparaissait comme le chef de l'entreprise et devait la conduire jusqu'en 1452. Avec lui figuraient «Dominichinus de Valle, Zaninus de Papia, Bernadinus de Crema ». C'est à Pietro da Bregia qu'il faut attribuer le plan de l'église, en forme de croix latine, et ce fut sous sa direction que fut élevée la plus grande partie de la nef. A ce maître succéda Florio da Bontà, qui dirigea la construction de la façade, de 1457 à 1464 ; il eut pour continuateur Lucchino Scarabota. En 1487, Thomas Rodari devint chef du chantier, et il devait le demeurer jusqu'en 1526.

Cette dernière période est des plus importantes dans l'histoire de la cathédrale. Thomas Rodari travaillait déjà, et depuis 1484, dans le chantier en qualité de sculpteur. Tout en devenant maître de l'œuvre, il ne devait pas abandonner le ciseau. Ce fut sous sa direction que fut exécutée la plus grande partie de la décoration de l'église.

Elle est ornée intérieurement et extérieurement d'un revêtement de marbre blanc, provenant des carrières d'Arzo, qui, avec le temps, a pris la teinte douce de l'ivoire. La façade est percée de trois portails et ajourée d'une rose ; au-dessus du portail central se développe une frise de statues. Les contreforts sont habillés de niches abritant des statues assises — disposition que l'on a déjà notée à la chartreuse de Pavie ; ce n'est d'ailleurs pas le moindre des rapprochements à faire entre les deux édifices.

Les portes latérales offrent un des exemples les plus caractéristiques de la fusion de l'architecture gothique lombarde avec l'architecture florentine. La porte méridionale est inspirée librement de celles de l'ancienne sacristie et du lavabo à la chartreuse de Pavie. Elle porte la date de 1491, inscrite dans un petit cartouche placé à droite d'elle. Les jambages sont creusés de niches qui abritent des statuettes, et suivis de pilastres ornés de « candélabres » très caractéristiques. Les chapiteaux sont de style composite ; au-dessus du linteau court une frise de rinceaux et de sphinx affrontés contre un vase. Le même motif, on l'a déjà rencontré à Saint-Satire. Est-ce là une raison suffisante pour voir dans cette porte une œuvre de Bramante ? Je ne le crois pas. Au tympan figure un bas-relief qui représente la fuite en Égypte, et, tout autour, dans des médaillons, apparaissent les vertus cardinales et les vertus théologales, celles-ci occupant le centre, celles-là placées de part et d'autre des précédentes. La Force tient une colonne, la Justice est armée d'un glaive et d'un bouclier ; la Tempérance verse de l'eau dans un bol, la Prudence ouvre un livre. L'iconographie diffère légèrement de l'iconographie française, où la Justice, par exemple, tient une balance, où la Tempérance a comme attribut un frein ou une horloge. L'ensemble de ce tympan est couvert d'une voussure décorée de dragons affrontés. Un fronton triangulaire surmonte l'ensemble.

La porte du nord, dite porte de la Grenouille, présente des dispositions générales assez semblables ; mais elle est enrichie de deux colonnes placées en avant d'elle, et d'un couronnement où la statuaire joue un grand rôle. Une inscription relate les noms de Thomas et J. Rodari, avec la date de 1507.

Cette porte est remarquable par le nombre et la qualité des sculptures de toute nature qui en font l'ornement. Il faudrait pouvoir citer presque tous ces motifs exécutés avec une incomparable habileté de ciseau. Le bas-relief du tympan représente la Visitation. Les pilastres des jambages sont décorés de candélabres et de rinceaux très variés où les scènes de la nature ne sont pas oubliées : c'est précisément une grenouille guettant une libellule qui donne son nom à la porte. Les colonnes placées en avant sont une application singulière du motif du candélabre : ce sont de véritables « candeliere » en ronde-bosse. Nous avions déjà rencontré cette interprétation à la chartreuse de Pavie, mais un peu moins précise. Ici, ce sont véritablement des vases aux fortes panses qui sont placés les uns au-dessus des autres. Autour d'eux tournent des génies porteurs de guirlandes, des sirènes, ou sont suspendus ou placés mille attributs variés, coquilles, masques, têtes d'anges, dauphins — et le vieux fond traditionnel lombard se retrouve avec les petits lions qui servent de bases à ces colonnes.

Au couronnement de la porte est figurée la glorification de Notre-Dame. La Vierge, debout, les mains jointes, est placée sous un dais imposant ; autour d'elle sont des anges qui jouent de divers instruments.

A l'intérieur de l'église, fait très remarquable, ces portes sont décorées d'une façon analogue, mais avec moins de richesse.

Les fenêtres de la cathédrale sont de véritables merveilles de ciselure — elles sont conçues d'ailleurs sur le modèle, à peine modifié, des portes. Les ornements des pilastres sont en relief plus accentué. On remarquera, au sommet des frontons, les per-personnages fabuleux — sirènes, par exemple — qui rappellent ceux que l'on voit au-dessus des fenêtres de la chartreuse de Pavie.

Seul, le chœur et le transept de l'église sont construits dans le style de la Renaissance ; les voûtes en berceau et les culs-de-four ont remplacé les croisées gothiques. La coupole ne date que du xviiie siècle, et a été élevée, de 1730 à 1770, en partie d'après les plans de Juvara.

Le chevet est admirable de lignes. Les contreforts, qui montent d'un jet depuis le sol jusqu'à la base des toits, donnent à l'ensemble de l'édifice une certaine force ascensionnelle. Les fenêtres inférieures sont rectangulaires ; les fenêtres supérieures sont divisées en trois baies en plein cintre. Des baies rondes ajourent la base de la coupole de l'abside et des demi-coupoles des croisillons. Il faut mentionner spécialement les statues de porteurs d'urne et de prophètes qui sont au sommet des contreforts et au-dessus d'eux : certaines de ces figures, porteurs ou porteuses d'urnes, qui sont nues, sont de véritables chefs-d'œuvre.

Lugano. Cathédrale.

Non loin de Côme se trouve Lugano. La façade de la cathédrale (ou église Saint-Laurent) est un très beau morceau d'architecture qui appartient à la même période. L'aspect absolument rectangulaire de l'ensemble surprend au premier abord ; mais le modèle revient à l'esprit : c'est encore la façade de la chartreuse de Pavie. Mais ici, les percements et la décoration sont réduits au minimum : trois portails, une rose — quelques bustes dans des médaillons carrés et une frise qui est également ornée de bustes. Le décor de la rose est une imitation assez directe des décors florentins de ce genre.

Brescia. Palais communal.

Le palais communal de Brescia fut commencé en 1489 par Tommaso Formentone ; le rez-de-chaussée fut construit par lui et Filippo Grassi, de 1492 à 1508. L'étage « noble » fut élevé de 1549 à 1560 sur les plans de Jacopo Sansovino, et les fenêtres furent décorées d'après les projets de Palladio. Le couronnement du toit ne date que de 1775 et est l'œuvre de Vanvitelli.

Le rez-de-chaussée est disposé pour une moitié en grande salle ouverte, à arcades. L'aspect sur la place est assez particulier ; le monument rappelle les amphithéâtres romains, avec ses arcades en plein cintre portées par de grandes piles carrées contre lesquelle s'adossent des colonnes corinthiennes. Les écoinçons sont ornés de bustes d'empereurs. La décoration des étages supérieurs est d'un art différent.

Brescia. Loggia du Mont-de-Piété.

Le Monte-di-Pietà de Brescia date de 1484 environ ; mais cette charmante loggia ne doit pas être antérieure aux premières années du XVIᵉ siècle. Elle est disposée au-dessus d'une double galerie, et portée par des arcades en plein cintre qui reposent sur une file de cinq colonnes et sur des consoles. Elle est bordée d'un garde-fou plein, surmonté d'une série d'arcades à jour très légères qui portent un entablement. La décoration est sobre. L'ensemble de la loggia est encadré de deux grands pilastres corinthiens. Le garde-fou est divisé en compartiments qui portent des écussons. La frise est divisée aussi en compartiments ornés de rinceaux. Un petit balcon, porté sur deux consoles, occupe le milieu de la loggia.

Crémone. Palais Stanga.

Le palais Stanga a été commencé vers la fin du XVe siècle (l'ancienne porte du palais se trouve aujourd'hui au musée du Louvre). La galerie dont nous donnons la reproduction n'est pas antérieure au commencement du XVIe siècle. Les lignes en sont légères et harmonieuses, et l'aspect très coloré, à cause des décorations en terre cuite. Ces décorations sont obtenues au moyen de motifs semblables indéfiniment renouvelés, selon le procédé employé par Filarète à l'Hôpital Majeur de Milan. Nous retrouvons d'ailleurs ici l'habileté de métier coutumière à ces artistes presque « industriels » de la terre cuite, mais portée à un degré extraordinaire de virtuosité.

Cette alliance de la pierre et des terres cuites décoratives, que nous rencontrons sans cesse, est un des caractères de la Renaissance lombarde. Ce système d'ornementation se trouve en quantité de maisons ou d'hôtels de la période gothique : les architectes de la Renaissance l'ont adopté, en modifiant les sujets. Un autre exemple typique de palais décoré de la sorte se trouve également à Crémone ; la cour du palais Fodri est bordée d'une galerie à arcades en plein cintre, portée sur des arcades également en plein cintre ; les archivoltes et le garde-fou sont suivis d'ornements et de « tableaux » sculptés de ce genre.

Crémone. Palais Raimondi.

Le palais Raimondi fut construit par Eliseo Raimondi lui-même avec le concours de l'architecte Bernardino da Lera. Architecture extrêmement simple ; façade divisée en deux parties, soutenue par deux ordres composites à moulures, superposés. Un bossage de faible relief donne du ton à l'ensemble. Cette façade est à rapprocher de celle du palais de la Chancellerie, à Rome, ou de celle du palais Torlonia.

Bergame. Cour de maison.

Bergame a plusieurs beaux hôtels ou « palazzi » dont les cours surtout sont remarquables, le palais Bassi, la maison dite du Tasse, la maison Grataroli, la maison Casotti. La cour de cet hôtel présente une disposition assez rare : les arcades habituelles ont été remplacées ici par des linteaux. Les colonnes reposent sur des socles décorés d'attributs ; le milieu des fûts est ceint d'un ruban auquel sont suspendus des cartouches, des écussons, des guirlandes.

Milan. Église Saint=Maurice.

Saint-Maurice, ou église du « Monastero Maggiore » fut construite de 1503 à 1519 par Giovanni Dolcebuono, disciple de Bramante. C'est une église de plan rectangulaire, bordée de chapelles qui sont surmontées de tribunes. Elle est couverte de voûtes d'ogives.

L'architecture est très simple, et rappelle un peu par certains détails — les grandes arcades en plein cintre notamment — Saint-Satire. Les baies des tribunes soit divisées par deux colonnes ; la baie centrale est de forme cintrée. Des baies rondes ajourent les murs. L'ordre dorique a été employé dans la décoration des membres d'architecture. Il faut ajouter, entre parenthèses, que cette église est célèbre pour les peintures à fresque dont elle est enrichie, peintures de Luini, de Bergognono, de Boltraffio.

Bergame. Église San Spirito.

L'église San Spirito est due en partie à Pietro Isabello, dit Abano, et date de 1520 environ. Elle se compose d'une nef unique, bordée de chapelles, d'un chœur et d'une abside. La nef est couverte de voûtes à lunettes dont les doubleaux sont soutenus par de fortes colonnes adossés aux supports. Le chœur et l'abside sont voûtés d'une manière analogue. Les chapelles sont couvertes de voûtes en berceau décorées de caissons. L'architecture, ici encore, n'a pu éviter les disgracieuses barres de fer qui empêchent les voûtes, mal calculées, de s'effondrer. C'est une des premières églises où les traditions médiévales — nef avec bas-côtés, voûtes d'ogives — soient abandonnées.

BIBLIOGRAPHIE

Beltrami (L.). *La Certosa di Pavia*. Milan, 1908 (3ᵉ édition).

Biscaro. *Le imbreviature del notaio Boniforte Gira e la chiesa di S. Maria di San Satiro*. Milan, 1914 (et *Archivio storico lombardo*, 1910, II).

Canetta (P.). *L'ospedale maggiore di Milano*. Milan, 1880-87.

Cassina. *Le fabbriche più cospicue di Milano*. Milan, 1840, 2 vol. in-fol.

Lazzaroni et Muñoz. *Filarete, scultore ed architetto del secolo XV*. Rome, 1908, in-4º.

Malaguzzi-Valeri (F.). *La corte di Lodovico il Moro*. Milan, Hoepli, 1913-1916, 3 vol. in-4º.

— *Giovanantonio Amadeo, scultore et architetto lombardo (1447-1522)*. Bergame, 1904, in-4º.

— *I Solari architetti e scultori lombardi del XVº secolo*. Berlin, 1906, in-8º.

Malaspina di Sannazaro. *Memorie storiche della febbrica della cattedrale di Pavia*. Milan, 1816.

Mongeri. *L'arte in Milano*. Milan, 1876, in-8º.

Monti (Santo). *La cattedrale di Como*. Côme, 1897, in-8º.

Vasari. *Le vite de' più eccelenti pittori, scultori ed architettori* (éd. Milanesi). Florence, 1878, 9 vol. in-8º.

TABLE DE NOMS D'ARTISTES CITÉS

TABLE DES PLANCHES

En regard
de la page

TABLE DES MATIÈRES

MACON, PROTAT FRÈRES, IMPRIMEURS. — MCMXXV.

Castiglione d'Olona. Eglise de Villa.

Castiglione d'Olona. Porte de l'église.

Cliché Alinari, Florence.

Castiglione d'Olona. Porte du palais Castiglioni.

Milan. Hôpital Majeur.

Milan. Hôpital majeur. Une fenêtre.

Milan. Eglise Saint-Satire.

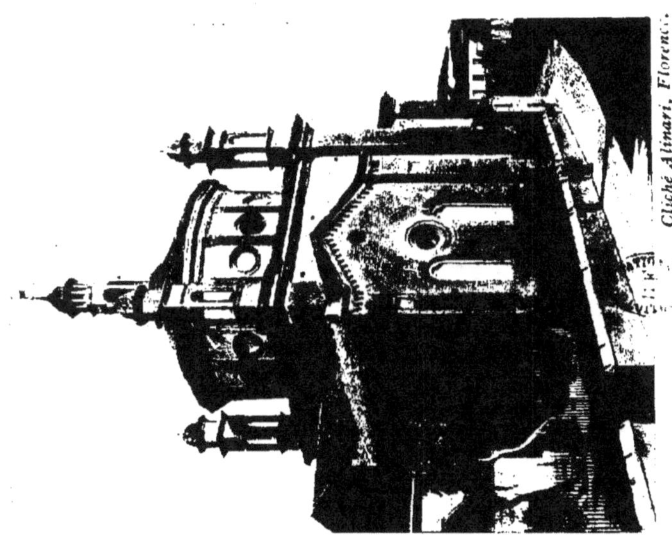

Cliché Alinari, Florence.

Milan. Eglise Saint-Eustorge. Chapelle Portinari.

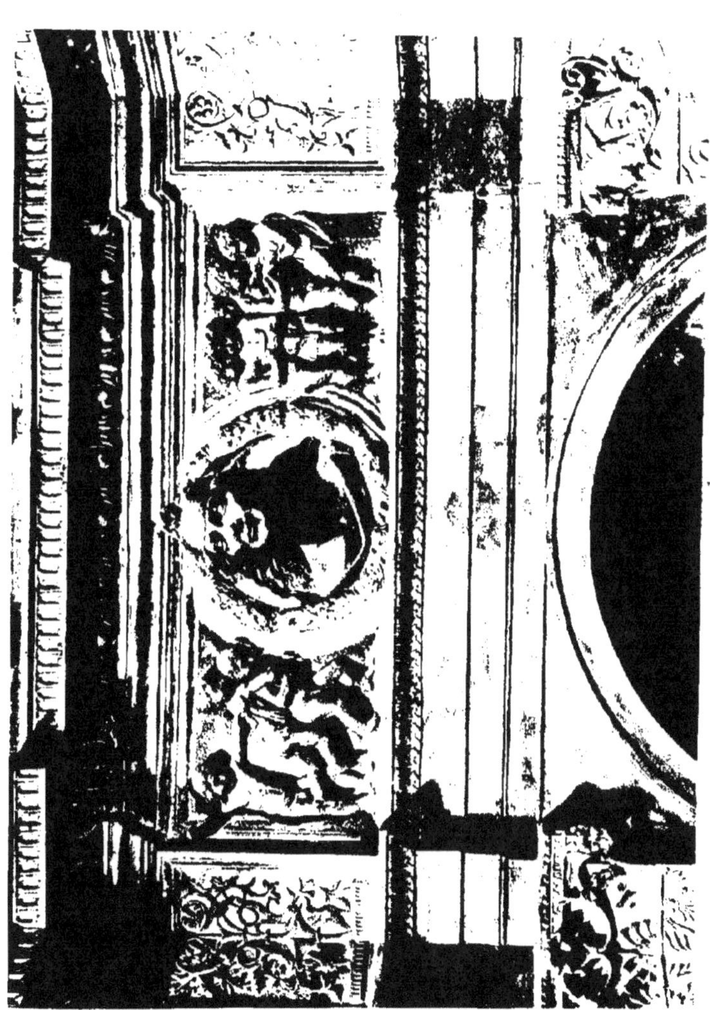

Milan. Eglise Saint-Satire. Frise du baptistère.

Milan. Eglise Sainte-Marie-des-Grâces.

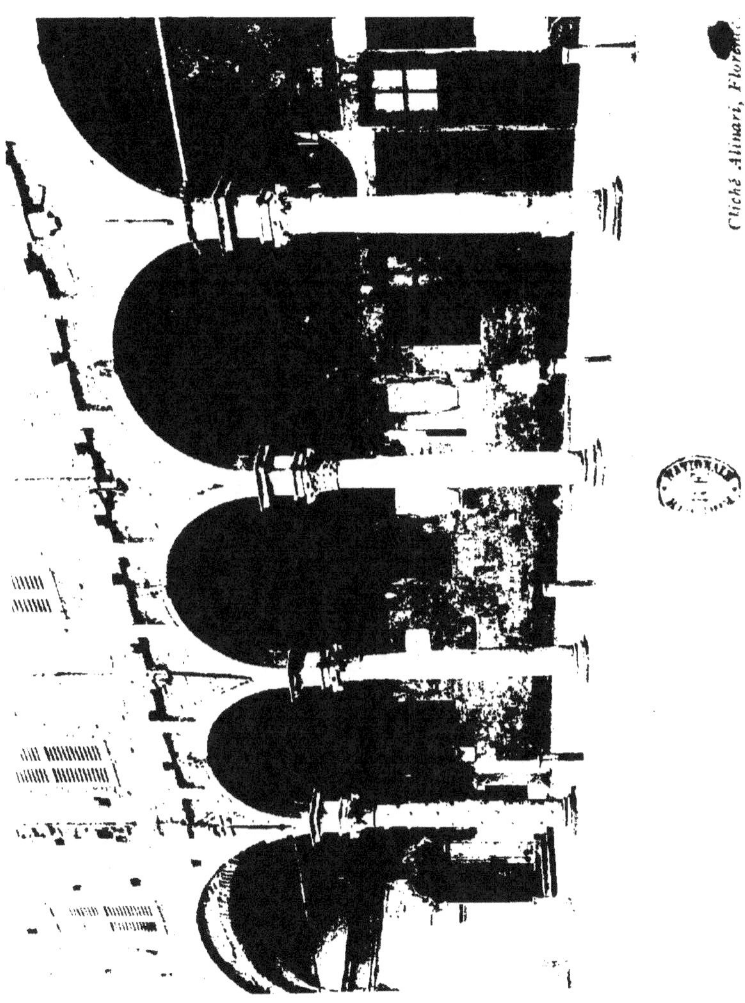

Cliché Alinari, Florence.

Milan. « Canonica » de Saint-Ambroise.

Cliché Alinari, Florence.

Pavie. Chartreuse. Façade de l'église.

Cliché Brogi.

Pavie. Chartreuse. Une fenêtre de la façade.

Cliché Brogi.

Pavie. Chartreuse. Détail du fronton d'une fenêtre.

Pavie. Chartreuse. Tombeau de Jean Galeas Sforza.

Cliché Alinari, Florence.

Pavie. Chartreuse. Porte du lavabo.

Cliché Brogi.

Pavie. Chartreuse. Lavabo.

Cliché Alinari, Florence.

Pavie. Chartreuse. Un motif décoratif du petit cloître.

Cliché Brogi.

Pavie. — Chartreuse. Le grand cloître.

Bergame. Chapelle Colléoni.

Bergame. Chapelle Colléoni. Monument du condottière.

Cliché Alinari, Florence.

Pavie. Cathédrale.

Crema. Eglise Sainte-Marie-de-la-Croix.

Lodi. Eglise de l'Incoronata.

Côme. Cathédrale. Porte méridionale.

Côme. Cathédrale. Porte septentrionale (porte de la Grenouille).

Côme. Cathédrale. Une fenêtre.

Cliché Alinari, Florence.

Côme. Chevet de la cathédrale.

Lugano. Cathédrale.

Cliché Alinari, Florence.

Brescia. Hôtel de Ville.

Brescia. Loggia du Mont-de-Piété.

Cliché Alinari, Florence.

Crémone. Palais Stanga.

Crémone. Palais Raimondi.

Clichés Alinari, Florence.

Bergame. Cour de maison.

Milan. Eglise Saint-Maurice.

Bergame. Eglise du Saint-Esprit.